여러분의 꿈은 무엇인가요?
커서 무엇이 되고 싶으냐고 물으면 아직도 많은 어린이들은
의사, 과학자, 선생님이라고 대답합니다.
왜 여전히 그런 대답에서 벗어나질 못할까요?
아마도 그 까닭은 현대 사회에 존재하는 다양한 직업에 대해
아직 잘 알지 못하고, 자신의 적성과 능력에 맞는 직업이
어떤 것인지 진지하게 생각해 보지 않아서일 거예요.
이 책을 통해 직업의 의미와 다양한 직업의 세계를 알아보고
자신이 할 수 있는 사회적 역할과 미래의 내 직업에 대해
생각해 볼 수 있는 계기가 되길 바랍니다.

자연 지리 감수_ 송언근
경북대학교 학부와 대학원에서 자연지리와 지리교육을 전공하고 박사 학위를 받았습니다. 뉴질랜드 크라이스트처치 교육대학 연구 교수로 활동하였으며, 지금은 대구교육대학교 사회교육과 교수로 있습니다. 쓴 책과 옮긴 책으로는 〈지리로 읽는 대구 이야기〉, 〈교육 연구의 질적 접근〉, 〈교육적 질문하기〉, 〈초등지리 교육론(공역)〉 등이 있습니다. 논문으로는 〈그림지도에서 수준별 교수·학습과 수행평가의 관계 구성〉, 〈지리교육에서 지형교육의 의미와 방향〉 등이 있습니다.

인문 지리 감수_ 서태열
서울대학교 학부와 대학원에서 지리교육을 전공하고 교육학 박사 학위를 받았습니다. 미국 텍사스주립대학에서 방문 교수로 활동하였으며, 지금은 고려대학교 지리교육과 교수로 있습니다. 제7차 사회과 교육과정 개정위원 및 초등 사회 교과서 집필위원, 한국교육과정평가원 자문위원 등을 지냈으며, 지금은 교육인적자원부 사회과 교육과정 심의위원, 한국사회과교육연구학회 부회장, 한국지리환경교육학회 부회장, 고려대학교 교과교육연구소장을 맡고 있습니다. 쓴 책과 옮긴 책으로는 〈지리교육학의 이해〉, 〈위성에서 보는 한국 아틀라스〉, 〈세계화 시대의 세계지리 읽기〉, 〈초등지리 교육론(공역)〉 등이 있습니다.

지구촌 감수_ 옥한석
서울대학교 학부와 대학원에서 지리학을 전공하고 박사 학위를 받았습니다. 한국사진지리학회장, 교육자료개발원장, 미국 워싱턴대학 방문 교수로 활동하였습니다. 지금은 한국지역지리학회 부회장 및 강원대학교 지리교육과 교수로 있습니다. 쓴 책으로는 〈세계화 시대의 세계지리 읽기〉 등이 있으며, 논문 〈생활 중심 교수 학습·모형의 설계와 적용〉과 〈학생의 일상적 개념을 활용한 지리 학습 동기 유발 방안 연구〉는 교육 현장의 주요 연구 사례로 평가받고 있습니다.

생활 문화 감수_ 남경희
일본 쓰쿠바 대학원에서 사회교육학을 전공하고, 교육학 박사 학위를 받았습니다. 제7차 초등 사회 교과서를 집필한 바 있으며, 한국사회과교육연구학회 회장, 서울교육대학교 발전기획단장 등으로 활동하였으며, 지금은 서울교육대학교 사회교육과 교수로 있습니다. 쓴 책으로는 〈사회과 교수·학습론〉, 〈현대 사회과 교육〉, 〈붕어빵 학교 753교실〉 등이 있습니다.

사회 생활 감수_ 서이종
서울대학교 학부와 대학원에서 사회학을 전공하고, 독일 베를린자유대학에서 박사 학위를 받았습니다. 서울대학교 중앙전산원 부원장으로 활동하였으며, 지금은 서울대 정보사회포럼을 맡고 있고, u클린 운동 추진위원장으로도 활동하고 있으며, 서울대학교 사회학과 교수로 있습니다. 쓴 책으로는 〈과학 사회 논쟁과 한국 사회〉, 〈한국 사회의 위험과 안전〉, 〈인터넷 커뮤니티와 한국 사회〉, 〈한국 벤처기업가 벤처기업가 정신〉, 〈사이버 시대의 사회 변동〉, 〈지식정보사회의 이론과 실제〉 등이 있습니다.

민주 정치 감수_ 장훈
서울대학교 학부와 대학원에서 정치학을 전공하고, 미국 노스웨스턴대학교에서 박사 학위를 받았습니다. 한림대학교 정치외교학과 교수, 한국정치학회 상임이사로 활동하였으며, 지금은 중앙대학교 정치외교학과 교수로 있습니다. 쓴 책으로는 〈경제를 살리는 민주주의〉, 〈한국의 자유민주주의〉 등이 있습니다.

글_ 강정연
성균관대학교에서 정치외교를 공부하고, 2004년 문화일보 신춘문에 동화 부문에 당선되면서부터 작가의 길로 들어섰습니다. '어린이책 작가 교실'에서 공부했으며 제18회 계몽아동문학상과 2005년 안데르센 그림자상을 수상했습니다. 지금은 좋은 어린이책 쓰기에 힘쓰고 있습니다. 쓴 책으로는 〈바빠가족〉, 〈힘돌〉, 〈공이 통통〉 등이 있습니다.

그림_ 박제희
세종대학교에서 만화·애니메이션을 공부하고, 아이들이 좋아하는 그림을 그리려고 노력하고 있습니다. 그린 책으로는 〈동화로 읽는 삼국사기〉, 〈바위나리와 아기별〉, 〈세라 이야기〉, 〈플로레스 마을 구출작전〉, 〈빨강머리 앤〉, 〈서윤이네 가족신문〉, 〈이태영〉 등이 있습니다.

〈똑똑한 사회탐구〉는 탁월한 작품성을 인정받아, 어린이 문화 발전을 위해 아동 문학가, 동요 작곡가, 일선 학교 선생님 등 700여 분이 모인 단체인 사단 법인 **어린이문화진흥회**의 **좋은 책 선정 위원회**가 뽑은 **최우수 도서상**을 수상하였습니다.

똑똑한 사회탐구 37 사회 생활 | 직업 속으로 **꼭 필요한 사람이 될래요**

펴낸이 박희철 | 펴낸곳 한국헤밍웨이 | 출판등록 제406-2013-000056호 | 주소 경기도 성남시 분당구 금곡동 444-148 | 대표전화 031-715-7722 | 팩스 031-786-1100
기획·편집 오영호 이미경 황인옥 김경란 | 아트디렉터 유정미 | 디자인 박희경 이혜희 박민경 | 사진진행 시몽포토에이전시
사진출처 34 아르바이트_시몽포토에이전시 | 35 인력거꾼_시몽포토에이전시 | 35 옹기 장수_시몽포토에이전시 | 35 물 장수_시몽포토에이전시 | 37 여행 설계사 _중앙포토

ⓒ Korea Hemingway 이 책에 실린 글과 그림의 무단 복제 및 전재를 금합니다.
⚠ 잘못된 책은 바꾸어 드립니다. 고온다습한 곳이나 직사광선이 닿는 곳에는 보관을 피해 주십시오.

사회 생활 | 직업 속으로

꼭 필요한 사람이 될래요

글 강정연 | 그림 박제희

한국헤밍웨이

숙제 있어요!

"참! 저 오늘 숙제 있어요. 내일 학교에서 자기가 갖고 싶은 직업에 대해 발표해야 해요. 그래서 오늘 집에서 곰곰이 생각해 오랬어요. 왜 그 직업을 선택했는지도 생각해 오고요."
창훈이는 문득 생각이 났는지 밥 먹다 말고 숙제 이야기를 꺼냈어요. 창훈이는 평소 갖고 싶은 직업에 대해 생각해 보지 않은 것은 아니지만, 교탁 앞에 서서 발표까지 한다니 조금 걱정이 되는 모양이에요.
"그래? 그럼 저녁 먹고 직업에 대해 다 같이 이야기해 볼까?"
아빠가 말했어요.

'직업'과 '직장'은 같은 건가요?

'직업'과 '직장'이라는 말은 다른 뜻을 갖고 있어요. 직업은 '어떤 일을 하는가?'를 말하는 것이고, 직장은 '그 일을 하는 곳'을 말해요. 예를 들어 볼까요? 동물들의 건강을 돌보아 주는 수의사 선생님은 '수의사'라는 직업을 가지고 있는 것이고, 수의사 선생님들이 일하는 동물 병원, 서울 대공원, 그리고 검역소가 직장이 되는 것입니다.
직장은 바뀌더라도 자신만의 직업이 있다면 아무 걱정 없겠지요? 그래서 이런 말도 있잖아요. '평생 직장은 없어도 평생 직업은 있다!'

부자라면 직업이 없어도 되겠죠?

창훈이네 아빠는 출판사에서 책을 보기 좋게 디자인하는 일을 해요.
"아빠, 우리 집이 부자라면 아빠는 일 안 하고 직업 없이
살아도 되는 거죠?"
"직업은 꼭 돈을 벌려고 갖는 것만은 아니란다. 만약 돈 버는 것만
목적으로 직업을 선택한다면 아빠는 아마 다른 직업을 선택했겠지.
하지만 아빠는 책 만드는 일이 참 좋아. 아빠가 열심히 노력해서
만든 책이 세상에 나오는 그 순간은 정말 기쁘단다.
아빠가 만든 책을 서점에서 보거나, 사람들이 읽는 모습을 보면
그렇게 뿌듯할 수가 없어. 아빠는 그래서 아빠의 직업을 좋아해."
아빠의 말을 듣고 창훈이는 가만히 고개를 끄덕였어요.

돈 많이 버는 직업에는 어떤 게 있나요?

"하지만 돈을 많이 벌 수 있는 직업을 가지면
참 좋을 것 같아요.
아빠, 돈을 많이 버는 직업에는 어떤 게 있나요?"
"언젠가 신문에서 우리 나라 직업의 한 달 평균 수입을
조사한 결과를 본 적이 있단다. 그 결과로 보자면
변호사, 의사, 항공기 조종사, 한의사, 통역가, 회사의
높은 사람, 치과 의사, 회계사 순서로 높게 나타났더구나.
그리고 배를 안전한 길로 인도하는 도선사의 일 년 수입이
전체 근로자의 평균 수입보다 5, 6배 많다고 하니 굉장하지?
하지만 이것만은 꼭 알아 둬라. 직업을 선택할 때는
돈이 기준이 되어서는 안 되는 거라는 걸 말이다."
아빠는 창훈이 질문에 씽긋 웃으며 대답해 주었어요.

직업은 어떤 기준으로 선택해야 하나요?

"그럼 직업을 선택할 때 기준이 되어야 하는 건 뭐예요?"
창훈이가 물었어요.
"직업은 일 년 또는 이 년으로 끝나는 게 아니야. 사람에 따라 다르지만
대부분 몇십 년 동안 그 일을 해야 하니까 남이 시켜서 하거나 자기의
흥미와 적성에 맞지 않는 일을 한다면 일도 재미 없고 잘 할 수도
없을 거야. 결국 행복한 삶과는 거리가 멀어지는 것이지.
그래서 직업을 고를 때에는 흥미, 적성, 성격에 맞는 것을 골라야 해.
하지만 창훈이는 아직 어리니까 어떤 직업이 적성에 맞는지,
어떤 소질이 있는지 잘 모를 수도 있어. 그러니 여러 가지 책도 많이
읽어야 하고, 어른들의 말도 귀 기울여 듣는 게 중요해."

그러면, 힘든 일은 누가 해요?

옆에서 가만히 듣고 있던 누나가 말했어요.
"엄마, 그런데 조금 이상해요. 지난번에 우리 반에서도 자기가 갖고 싶은 직업을 발표하는 시간이 있었어요. 그런데 친구들 가운데 아무도 환경 미화원이나 파출부 같은 직업을 갖고 싶다고 하는 애는 없었거든요. 아이들은 의사, 선생님, 변호사, 연예인, 운동 선수가 되고 싶다고 했어요. 모두 멋지고, 돈도 많이 버는 직업들만 얘기하던걸요. 엄마 말씀대로 자기가 하고 싶은 것을 직업으로 삼아야 한다면 힘든 일은 누가 하죠? 아무도 공사장이나, 공장에서 힘들게 일하는 직업을 가지고 싶어하지 않잖아요. 나도 힘들게 땀 흘리면서 일하는 직업보다는 멋지고, 편하고, 쉽고, 돈 많이 버는 직업이 좋은걸요."

직업엔 귀천이 없다!

"사람은 혼자서는 살 수 없다는 거 잘 알고 있지?
우리 사회를 구성하는 사람들이 각각 역할을 나누어
일을 맡고 있는 것이 직업이기도 해.
우리 나라에는 만 가지가 넘는 직업들이 있어.
이 모든 직업이 사람들이 살아가는 데에 꼭 필요해.
만약 환경 미화원이 없다면 우리가 사는 동네와
길에는 쓰레기가 넘쳐나겠지? 버스를
운전하는 일, 자동차를 고치는 일 등
이 모든 일들은 반드시 누군가는
해야 할 일들이야.

직업은 자신뿐만 아니라 이웃과 사회 전체에
도움을 줄 수 있을 때 더 가치 있는 거란다.
'직업에는 귀천이 없다.' 라는 말 들어 봤지?
어떤 직업이든지 모두 중요하고
소중하다는 거야. 인기 있는 직업과
인기 없는 직업은 있을 수 있지만 좋은
직업과 나쁜 직업은 없다는 뜻이지."

경찰관이 되고 싶어요

"창훈아, 지난번에 꿈이 경찰관이라고 했지?
경찰관이 어떤 일을 하는지 알고 있니?"
"그야 물론 도둑이나 강도들을 잡는 거죠. 그거 말고 다른 일도 하나요?"
"그럼. 경찰들이 하는 일이 얼마나 많은데. 우선 경찰서에서 신고를 받고
억울하거나 곤란한 일을 당한 사람들을 상담하지. 또 청소년이 나쁜 길로

경찰관이 되려면 얼마나 운동을 잘 해야 할까요?

경찰 시험에서 하는 체력 검사는 100m 달리기, 제자리 멀리뛰기, 윗몸일으키기 등입니다. 종목별로 1점에서 8점의 점수를 받는데, 한 종목 이상 1점을 받으면 시험에 불합격이 되지요. 100m 달리기는 남자는 18초, 여자는 20초가 넘으면 1점을 받고, 제자리멀리뛰기에서는 남자는 176cm, 여자는 146cm 아래면 1점을 받아요. 윗몸일으키기는 1분에 남자는 13개, 여자는 7개 아래면 1점을 받아요. 경찰이 되고 싶나요? 그렇다면 평소에 꾸준히 운동을 해 두세요!

빠지지 않도록 훈계도 하고, 도로에서 교통 정리도 하지.
또 인터넷 공간에서 발생하는 범죄를 수사하는 사이버 범죄 수사대도 있고,
테러 사건과 폭발물 처리 등 특수한 일을 하는 경찰 특공대도 있어.
바다에서 일하는 해양 경찰도 있고, 하늘을 날면서 환자를 병원으로
옮기거나 물에 빠진 사람들을 구하고, 혼잡한 도로 위를 내려다보면서
교통 법규를 위반하는 차량을 단속하는 경찰 항공대도 있지."

소방관은 어떤 일을 하나요?

"창훈이 너, 경찰 대신 소방관이 되는 건 어때? 불났을 때만 일하면 되니까 너처럼 놀기 좋아하는 애들에게는 딱 맞을 것 같은데?"
누나의 말을 듣고 아빠가 누나 머리를 콩 쥐어박으며 말했어요.
"이 녀석아, 소방관이 불만 끄는 줄 아니? 소방관은 모든 안전 사고를 예방하고, 생명을 위협하는 곳에 제일 먼저 도착해서 사람들의 안전을 지켜 주는 일을 하는 거야. 또 급하게 치료가 필요한 환자를 병원으로 옮겨 주기도 하고, 산악 지역이나 긴급한 구조를 필요로 하는 곳에 출동하여 위험에 처한 사람을 구해 내는 일도 한단다. 그리고 사고가 없을 때에는 소방서에서 사람들에게 사고 예방 교육을 시키고, 학교, 병원이나 건물의 소방 시설에 대한 점검도 정기적으로 하지. 또 응급 처치 물품을 미리미리 챙기는 일도 하고 말이야. 소방관은 뭐 아무나 되는 줄 아니?"

남의 생명을 구하고 희생한 119 구조 대원

1999년 5월 25일 새벽, 전라 남도 여수시 교동 중앙 시장은 불길에 휩싸였어요. 신고를 받고 급히 출동한 여수 소방서 119 구조 대원들은 무섭게 타오르는 불길을 뚫고 고가 사다리를 이용해서 사람들을 무사히 구조해 냈어요. 하지만 서형진 소방 대원은 2층에 사람이 있다는 소리를 듣고 다시 불길 속으로 들어갔지요. 서형진 대원은 사람을 찾아 헤매다 끝내 산소 부족으로 목숨을 잃고 말았습니다. 서형진 대원은 소방관이 된 뒤 200여 차례나 출동하여 모두 180명의 생명을 구했다고 해요. 이렇게 소방관 아저씨들은 위험에 처한 사람들을 위해 자신의 몸을 아끼지 않고 일합니다. 정말 고마우신 분들이지요?

새롭게 생긴 직업들

"그럼 누나는 어떤 직업을 가지고 싶은데?"
"푸드 스타일리스트."
"푸드 스타일리스트? 그게 뭔데?"
"푸드 스타일리스트는 음식을 보다 먹음직스럽게 보이도록
조리하고 그릇에 예쁘게 담아 내는 일을 하는 직업이야."
"정말 그런 직업도 다 있어? 신나겠다!
매일매일 맛있는 것도 많이 먹고!"
"정말 요즘에는 흥미로운 직업이 많이 생기는 것 같아.
음악 치료사, 물고기 질병 치료사, 애견 미용사 같은 것들
말이야. 엄마는 애견 미용사 한 번 해 보고 싶더라."
엄마가 웃으며 말했어요.

남자 직업, 여자 직업이 따로 있다고?

"어! 저도 애견 미용사 하면 잘 할 것 같아요.
저 강아지 아주 좋아하잖아요."
엄마 말이 끝나자마자 창훈이가 눈을 반짝이며 말했어요.
"남자 애견 미용사가 어디 있냐?
그건 여자들이나 하는 일이야."

"여보, 모르는 소리 마세요.
요즘 여자 직업, 남자 직업이 어디 따로 있나요?
우리 동네 유명한 미용실에는 남자 미용사가
두 명이나 있는걸요.
솜씨도 다른 여자 미용사보다 훨씬 좋다고요.
그리고 유명한 요리사들은 거의 다 남자잖아요.
남자, 여자 따지던 때는 벌써 지났어요."
엄마 말에 아빠가 멋쩍게 웃었어요.

버스 안내양이 뭐예요?

"세상이 정말 많이 바뀌었어. 새로운 직업이 생기는 만큼
없어지는 직업들도 많지. 너희들 버스 안내양이라고 들어 봤니?"
"버스 안내양이요? 그런 직업도 있었어요?"
"응. 아빠 어린 시절에는 모든 버스에 버스 안내양이 있었어.
버스 안내양은 손님들에게 차비를 받고, 내리고 타는 일을 도와 줬지.
그리고 운전사에게 출발하라는 신호도 보내고, 어떤 정거장인지
안내도 해 주고 말이야. 그런데 요즘에는 요금 받는 통이나, 버스 카드를
찍는 기계도 마련되어 있고, 방송으로 정거장도 다 알려 주고
문도 자동으로 열리고 닫히니 버스 안내양이 필요 없어졌지."

앞으로 어떤 직업이 사라질까?

"사회가 변함에 따라 직업은 사라지고 생기기를 반복하지.
너희들은 앞으로 어떤 직업이 없어질 것 같니?"
"음, 제 생각에는 청소부가 사라질 것 같아요. 청소하는 로봇이 생겨서요.
그리고 사무실에서 일하는 사람들도 없어질 것 같아요.
컴퓨터가 발달해서 모든 일을 집에서 할 수 있을 것 같아요.
그런데 사람 대신 일하는 로봇이 자꾸만 생겨서 사람들이 할 일이
없어져 버리면 어쩌지요? 모두 실업자가 될지도 몰라요."
"꼭 그렇지는 않아. 로봇이 아무리 똑똑해진다고 해도 인간의 창의력이나
감정을 따라올 수 없거든. 미래 사회에서는 로봇이 하는 일과 사람이
하는 일이 구분되겠지. 로봇이기 때문에 더 잘 할 수 있는 일은 로봇이
하겠지만, 사람만이 잘 할 수 있는 일은 사람이 계속 해야겠지."
누나의 걱정스런 질문에 아빠가 대답해 주었어요.

게임만 잘 하면 누구나 프로 게이머가 될 수 있을까?

"그나저나 내가 어떤 직업을 가져야 할지 아직도 잘 모르겠어요. 난 게임에는 진짜 자신 있는데……. 게임만 하면 시간 가는 줄도 모르거든요. 프로 게이머는 게임만 잘 하면 될 수 있지 않을까요?"
"그래, 프로 게이머도 엄연한 직업이지. 그런데 게임만 잘 한다고 프로 게이머가 될 수 있을까? 프로 게이머들은 게임에서 이기기 위해 하루에 12시간 이상씩 연습하기도 하고, 특히 대회가 있을 때는 더 집중해서 훈련해야 하지. 재미있게만 보이는 프로 게이머라는 직업도 다른 직업과 마찬가지로 많은 노력과 열정이 필요한 것은 물론이겠지? 그냥 재미삼아 게임을 하는 것과 그것을 직업으로 삼았을 때는 마음가짐이 많이 다를 거야."
아빠의 말씀에 창훈이는 고개를 끄덕였어요.

게임을 좋아한다면 이런 직업을!

　게임을 좋아하고 잘 한다고 모두 프로 게이머가 될 수는 없겠지만, 컴퓨터 게임은 여러 분야가 종합적으로 결합된 것이기 때문에 프로 게이머 말고도 여러 일들을 할 수 있어요. 그럼 어떤 직업들이 컴퓨터 게임과 관련되어 있는지 알아볼까요?

　게임 속 멋진 캐릭터를 그리는 캐릭터 디자이너, 게임을 만드는 프로그래머, 게임 속 이야기를 만들어 내는 게임 시나리오 작가, 새로 나온 게임을 가장 먼저 해 보고 문제점을 찾아 내는 게임 테스터, 게임을 처음 만들기 시작할 때부터 끝까지 책임지는 게임 기획자 등이 있지요.

　게임에 관련된 직업이 참 많지요? 이 모든 직업들은 게임을 좋아하고 잘 하면 할 수 있는 직업들입니다.

꼭 필요한 사람이 될래요!

창훈이는 결국 직업을 정하지 못하고 학교에 갔어요. 하지만 창훈이는 갖고 싶은 직업을 발표하는 시간이 두렵지 않았어요. 어떤 직업을 가질지 정하지는 못했지만, 가족들과 직업에 대해 충분한 대화를 나눈 덕에 직업에 대한 마음가짐이 확실해졌거든요.

"저는 아직 직업을 정하지 못했어요. 제가 무엇을 하면 잘 해 낼 수 있을지 아직 잘 모르겠거든요. 하지만 어떤 직업을 갖든 사회에 꼭 필요한 사람이 될 거예요. 돈을 많이 벌지 못해도, 몸이 많이 힘들어도 그것이 사회에 꼭 필요한 직업이라면 소중한 것이잖아요. 저는 이 사회에서 없어서는 안 될 꼭 필요한 사람이 될 거예요."

발표를 마치고 자리로 돌아오는 창훈이의 얼굴이 참 밝았어요.

직업 속으로 깊이 보기

오늘날의 직업은 예전에 비해 그 종류도 다양해졌을 뿐만 아니라 선택의 기준도 넓어졌습니다. 초등 사회 교과에서는 4학년 2학기 '경제생활과 바람직한 선택'에서 경제 활동과 관련해 직업에 대해 공부합니다.

직업의 조건

직업이란 생계의 유지, 개성의 발휘 및 자아의 실현, 사회적 역할의 분담을 목적으로 계속적으로 하는 노동, 또는 일이라고 할 수 있습니다.

그렇다면 다음과 같은 일들은 직업이라고 할 수 있을까요?

즉, 경마, 경륜 등 도박성 활동에 의한 배당금 수입이 있는 사람, 공부하는 학생, 감옥에 갇혀 있는 죄수는 직업이라고 할 수 있을까요? 이런 일들은 직업이라고 할 수 없어요. 이 외에도 이자나 임대료 등으로 수입을 얻어 생활하는 것, 〈연금법〉, 〈생활 보호법〉 등 사회 보장에 의한 수입으로 생활하는 것, 예금 및 적금, 보험금을 타거나 토지나 금융 자산을 팔아서 생기는 수입이 있는 것, 가정 주부, 시민 봉사 활동 등 월급 없이 자원 봉사하는 것도 직업이라 할 수 없어요.

그러면 직업으로 인정되려면 어떤 조건이 필요할까요?

첫째로, 하는 일이 법에 어긋나지 않아야 해요. 그렇기 때문에 사기나 도박은 직업이 될 수 없지요. 둘째로, 경제적인 목적이 있어야 해요. 아무리 많은 일을 해도 자원 봉사와 같이 돈을 받지 못한다면 직업이 될 수 없습니다. 세 번째로, 돈을 번다고 해도 아주 잠깐 동안 하는 것은 직업이라고 말하지 않아요.

그렇다면 아르바이트는 어떨까요? 직업 외에 남는 시간을 이용하여 다른 일을 임시로 하는 것을 아르바이트라고 하는데, 학비를 벌기 위해 신문 배달이나, 우유 배달, 그리고 공사장에서 일하기도 하고, 패스트푸드점이나 편의점에서 시간제로 일하는 것을 말해요.

따라서 아르바이트는 잠깐 동안 일하는 것이므로 직업이라 할 수 없지요.

▲ **도박하는 사람** 경마, 경륜 등 도박성 활동에 의한 배당금 수입이 있는 사람은 자아의 실현을 위해 일하는 것이 아니므로 직업이라 할 수 없어요.

▲ **공부하는 학생** 공부하는 학생은 경제적인 목적으로 공부하는 것이 아니므로 직업이 될 수 없어요.

▲ **죄수** 강도나 도둑과 같이 감옥에 있는 죄수는 법을 어겼기 때문에 직업이라 할 수 없어요.

▲ **아르바이트** 아르바이트는 짧은 시간 동안 일을 하고 대가를 받는 것이므로 직업과는 다릅니다.

직업이 변하고 있어요

사회가 변화하고 발전함에 따라 사회 구성원들에게 요구되는 역할도 달라지게 마련입니다. 수많은 직업이 계속 사라지고, 생기고, 변하기를 반복하는 이유가 바로 여기에 있습니다.

조선 시대에는 어떤 직업이 있었을까요?

조선 시대에는 지금처럼 자기가 가지고 싶은 직업을 마음대로 선택할 수 없었어요. 부모의 신분에 따라 자기의 직업이 결정되었기 때문이지요.

조선 시대의 신분은 크게 양반, 중인, 평민, 천민으로 나누어져 있었어요. 양반은 우의정, 좌의정, 영의정 등과 같은 높은 벼슬을 할 수 있는 사람들이고, 중인은 양반과 평민 사이의 신분으로, 계급이 낮은 관리나 기술 분야의 직업을 가질 수 있었어요. 평민은 농사를 짓거나 물건을 만들고 장사를 하는 일 등에 종사하는 사람들이에요. 천민은 기생, 무당, 백정, 광대 등의 직업을 가진 사람들이에요. 가장 낮은 신분인 천민은 아무리 뛰어난 실력이 있다고 해도 양반이 될 수는 없었습니다.

이렇게 정해진 신분 안에서도 인기가 있는 직업이 있었어요. 양반 신분에서는 당연히 높은 벼슬일수록 인기가 높았겠지요. 중인 직업 중에서는 지금의 의사인 의원이나 과학 기술자가 좋은 직업으로 여겨졌고, 평민들 사이에서는 대체로 농사를 지으면서 가끔 신분의 한계를 넘을 수 있는 과거 시험을 보기도 했어요. 천민들의 직업에는 조선 시대에서 천하게 생각되는 일들을 주로 했기 때문에 특별히 인기 있는 직업은 없었습니다.

지금은 사라진 직업

예전에는 있었지만 사라진 직업들이 많아요. 창훈이 아빠가 말씀하신 버스 안내양이 대표적으로 사라진 직업이지요. 그렇다면 버스 안내양 외에 또 사라진 직업은 없을까요?

예전에 자동차가 없던 시절에는 '인력거꾼'이라는 직업이 있었어요. 사람을 수레에 싣고 다니는 직업이지요. 하지만 자동차가 많은 요즘에는 사라진 직업입니다.

조선 시대 최고의 발명가, 장영실을 만나다!

장영실은 조선 시대에 부산 관청의 노비로 있었어요. 어려서부터 재능이 뛰어났던 그는 세종 대왕의 명령으로 중국의 선진 문물을 많이 배우고 돌아와서 궁중 기술자로 일했어요. 그는 물시계를 만들고, 별자리를 관찰하는 간의와 혼천의를 만들면서 벼슬도 하게 되었어요. 4년 뒤에 새로운 물시계인 자격루를, 이어 천상 시계와 자동 물시계인 옥루를 만들었어요.

조선 시대 최고의 발명가로 장영실을 꼽는 것은 뛰어난 창의력과 기술력으로 모든 백성에게 유익한 물건을 많이 만들어 냈기 때문이에요.

장영실은 신분을 뛰어넘어 훌륭한 발명가로 남기 위해 끝없이 노력했어요.

아무리 고달픈 처지라도 장영실처럼 끝까지 포기하지 않고 최선을 다해 노력한다면 이루지 못할 꿈은 아마 없을 거예요.

▲ **인력거꾼** 1894년에 우리 나라에 처음 들어온 인력거는 가마를 대신해 탄 것으로, 인력거꾼은 수레에 사람을 싣고 다녔습니다.

▲ **옹기 장수** 예전에는 장독이 필수였기 때문에 옹기 장수는 집집마다 돌아다니며 옹기를 팔았습니다.

▲ **물 장수** 물 장수는 상수도가 설치되기 전에 각 집에 우물물을 길어다 팔던 사람이었습니다.

북한의 직업 이름은 우리와 어떻게 다를까요?

우리말	북한말
열차 승무원	렬차원
아나운서	방송원
성우	배음사
스튜어디스	비행기 안내원
경찰	사회 안전원
기상 예보관	예측원
은행원	은행 경제사
승려, 스님	중 선생
피아니스트	피아노수
테너 가수	남성 고음 가수
트랙터 운전원	농촌 기계화 초병
유치원 교사	교양원
교통 경찰	교통 안전원
장교	군관
사무원	근로 인테리
최고 경영자, CEO	기업소 책임자
다이빙 선수	뛰어들기 선수

그리고 '옹기 장수'도 요즘에는 사라진 직업이에요. 옹기 장수라 하면 별 볼일 없다고 생각하겠지만 옛날에는 유망 직업이었어요.

또 옛날에는 '얼음 장수', '물장수'도 있었어요. 높은 곳에 사는 사람들 집에는 물이 안 나오기 십상이었거든요. 하지만 요즘에는 가정마다 냉장고도 있고 물도 다 잘 나오니 '얼음 장수', '물장수'가 필요 없게 된 것이지요.

아주 오래 전부터 지금까지 있는 직업

요즘 직업들 가운데 대부분은 문명이 발달하고 사회가 복잡해지면서 새로 생긴 직업들이에요. 그렇다면 아주 오래 전부터 지금까지 이어 내려오는 직업들은 없을까요?

아주 쉽게 생각한다면 답은 의외로 간단하지요. 먹고 사는 활동에서부터 시작된 일들이 처음이었겠지요? 농부나 어부를 들 수 있어요.

농부와 어부는 지금도 있는 직업이지요.

또 스파이는 그 역사가 구약 성서로까지 올라갑니다. 이스라엘 백성들이 약속의 땅으로 들어가기 전 그들의 지도자인 여호수아는 그 땅에 대한 정보를 알고 싶어 몰래 두 명의 스파이를 보냈다고 해요. 지금까지도 세계 여러 나라에서 활동하고 있는 스파이는 인공 위성을 이용해서 전화, 전자 우편 등의 내용을 알아 내기도 하고, 중요한 국가 비밀을 빼내기도 하지요.

마술사도 오래 된 직업이에요. 이집트에서는 무려 5천 년 전에 마술이 있었다는 기록이 있어요. 그리스·로마 시대에도 구슬, 컵 등을 이용해 마술을 했다는 기록이 남아 있고요.

의사도 아주 오래 된 직업 가운데 하나이고, 우리 나라의 무당과 비슷한 주술사도 원시 시대부터 있었다고 해요.

또한 부족이나 나라를 다스리는 우두머리, 또는 통치자는 늘 있어 왔기 때문에 정치인도 인류의 역사만큼이나 오래 되었다고 할 수 있어요.

▲ **스파이** 다른 나라의 중요한 정보를 몰래 빼내는 사람이에요.

▲ **마술사** 사람들을 즐겁게 해 주는 마술사는 요즘 인기 있는 직업 가운데 하나입니다.

▲ **주술사** 주술사는 주문을 외우며 앞날을 점치거나, 재앙을 면하게 한다고 해서 예로부터 신기한 힘을 가진 사람이라고 여겼어요.

새로 생긴 특별한 직업들

창훈이네 가족들이 얘기한 특별한 직업들이 생각나나요? 수연이가 말한 '푸드 스타일리스트'를 비롯해서 엄마가 말씀하신 '음악 치료사', '물고기 질병 치료사', '애견 미용사' 등 흥미로운 직업들에 대한 이야기가 오고 갔습니다.

그럼 새로 생긴 특별한 직업들을 좀 더 알아볼까요?

자신의 목적에 따라 해외 여행을 즐기는 사람들이 늘고 있어요. 여행 설계사는 바로 고객이 원하는 해외 여행을 전문적으로 계획하고 도와 주는 일을 해요. 여행객들이 희망하는 목적에 맞게 일정한 여행 팀을 구성하고 여행객들과 함께 협의하여 여행지, 교통, 숙식, 일정을 설계하고 제공해요.

프랜차이즈 본사가 객관적인 입장에서 각 매장의 상황을 파악하기란 참 어려워요. 왜냐 하면 본사가 매장으로 가서 이것저것 따져 물으면 임기응변식의 대응에 속고 마는 경우도 있기 때문이에요. 그래서 미스터리샤퍼는 고객을 가장해 매장 직원의 서비스 등을 평가하지요.

큐레이터는 미술관, 박물관에서 발생하는 모든 일을 처리하고 수행하는 사람으로서 미술관, 박물관의 여러 조직 가운데 가장 핵심적인 분야를 담당해요.

▲ **여행 설계사** 요즘에는 누구에게나 똑같이 제공되던 여행 일정에서 벗어나 자신의 목적에 따라 여행을 즐기는 사람들이 늘어 가고 있어요. 여행 설계사는 고객의 취향과 관심을 만족시켜 줄 수 있는 여행 일정을 기획하는 직업이에요.

미래에는 어떤 직업이 생길까요?

지금 우리 나라에는 약 만 가지의 직업이 있다고 해요.

하지만 앞에서 살펴본 것처럼 직업은 사회의 변화에 따라 새로 생기기도 하고 사라지기도 해요. 그렇다면 미래에는 어떤 직업들이 생길까요?

우선 고령화 사회에 노인들을 돌보는 직업들이 생길 거예요. 그리고 직장이나 집에서 이용할 수 있는 로봇을 연구하고 디자인하는 사람도 필요할 거예요. 또 과학이 발전하면서 많은 사람들이 우주 여행을 꿈꾸게 되지요. 이에 따라 머지않아 우리가 해외 여행을 하는 것처럼 우주 여행을 할 날이 올 거예요. 그러면 여행 가이드가 있는 것처럼 우주 여행 가이드도 필요할 거예요. 참 멋지겠지요?

▲ **노인들의 친구** 미래에는 의학이 발달하여 노인들이 점점 많아질 거예요. 외로운 노인들의 말벗도 되어 주고, 병원에도 같이 가 주는 일을 하는 직업이 생길 거예요.

▲ **로봇 디자이너** 미래에는 각 가정마다 일해 주는 로봇이 생길 거예요. 개성 있는 로봇을 디자인하여 사람들의 취향에 맞게 골라 살 수 있게 하는 직업이 생길지도 몰라요.

▲ **우주 여행 가이드** 미래에는 우주로 여행을 다닐 수도 있겠지요? 그렇다면, 사람들이 우주 여행을 즐겁게 할 수 있도록 도와 주는 직업도 당연히 생기겠지요.

똑똑한 사회탐구

자연 지리
1. 지도와 생활 — 우리 집에 놀러 와!
2. 기후와 생활 — 공원에서 날씨를 만나요
3. 자연 재해 — 우리 이모는 기상 캐스터
4. 환경 보전 — 설화골 이야기
5. 으뜸 도시, 서울 — 수진이의 서울 나들이
6. 중부 지방 — 말라깽이와 단호박의 여행
7. 남부 지방 — 남도 대탐험
8. 북부 지방 — 내 짝꿍 순아

인문 지리
9. 지형과 생활 — 산 따라 강 따라
10. 자연의 이용 — 아빠와 함께한 무인도 체험
11. 계절에 따른 생활 — 선아와 윤아의 사계절 이야기
12. 여러 형태의 마을 — 방방곡곡 여러 마을
13. 도시 생활 — 빙글빙글 도시의 하루
14. 농촌 생활 — 우리 마을 작은 이장님
15. 어촌 생활 — 끼룩끼룩 낄낄이와 멍멍 진군이
16. 산촌 생활 — 산에 사는 메아리
17. 특산물 — 임금님도 반했대요
18. 국토 개발 — 나는 산에 사는 고라니예요

지구촌
19. 아시아 — 아시아에서 날아온 엽서
20. 아프리카 — 아프리카 바람이 사랑한 아이
21. 유럽의 여러 나라 — 엄마와 함께 유럽 여행
22. 아메리카 — 풋내기 여행가의 여행 수첩
23. 오세아니아 — 반바지를 입은 산타클로스
24. 가까운 나라 — 가깝고도 먼 나라들
25. 세계는 하나 — 우주에서 온 아이

생활 문화
26. 놀이와 행사 — 다양한 놀이, 우리 풍습
27. 신문의 발달 — 악동 신문사
28. 방송의 발달 — 텔레비전 군과 라디오 양
29. 종교 생활 — 교회에 간 부처님, 절에 간 하나님
30. 박물관 — 과거로 떠나는 시간 여행
31. 전통 문화의 세계화 — 햄버거, 김치를 만나다
32. 우리 옷 — 자연을 입어요
33. 우리 음식 — 할머니가 차려 준 밥상
34. 우리 집 — 또복이와 덤벙이의 집짓기
35. 가정의 변화 — 흥부와 기러기 아빠
36. 취미와 여가 생활 — 술술술 풀풀풀, 옛날로 출발!

사회 생활
37. 직업 속으로 — 꼭 필요한 사람이 될래요
38. 인구의 변화 — 복작복작 지구촌 사람들
39. 산업의 발달 — 복숭아 병조림과 백화점
40. 편리한 교통 — 추자도 가는 길
41. 통신의 발달 — 어제보다 빠른 오늘
42. 정보화 사회 — 뜸마을이 달라졌어요
43. 첨단 기술 — 미래 속으로, 슈웅!
44. 도시화 — 기차의 도시 여행
45. 노인 문제 — 내가 꿈꾸는 세상
46. 공동체 — 알콩달콩 승연이의 일기
47. 주민 단체 — 행복한 마을 만들기
48. 공공 기관 — 모두의 행복을 지켜 주세요

민주 정치
49. 자유와 평등 — 우리도 내일부터 학교 간다!
50. 사회 정의와 권리 — 차별 없는 세상이 좋아요
51. 법과 제도 — 의로운 도둑
52. 민주주의와 선거 — 아름드리 나무숲의 동물 회의
53. 정당 정치 — 개미 왕국의 혁명
54. 지방 자치 — 우리 동네 쌀 가게 아저씨
55. 국회가 하는 일 — 세상에서 가장 무거운 배지
56. 법원이 하는 일 — 나예령의 별명은 나 판사래요
57. 나라의 대표, 대통령 — 하루가 너무 짧아요
58. 정부가 하는 일 — 나라 살림은 누가 하나요?
59. 외교 이야기 — 저도 외교관이 될래요
60. 통일의 길 — 갈라진 나라, 하나의 마음

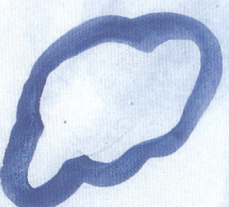